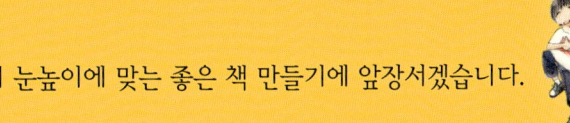

어린이 눈높이에 맞는 좋은 책 만들기에 앞장서겠습니다.

이 책의 내용을 교과서에서도 찾아 보세요!

국어 1-1

8. 소리 내어 또박또박 읽어요

국어 1-2

1. 소중한 책을 소개해요

국어 2-1

9. 생각을 생생하게 나타내요

국어 2-2

1. 장면을 떠올리며

국어 3-1

5. 중요한 내용을 적어요

국어 3-2

4. 작품의 재미를 느껴요

나 혼자 해볼래
독서록 쓰기

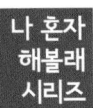

평소 생활과 학습을 부모님의 도움 없이 할 수 있도록 도와주는 학습 동화입니다.
어린이 스스로 목표를 세우고, 실천하고, 결과를 평가할 수 있어요.
어떤 일이든 "나 혼자 해 볼래!"라고 말하는 어린이가 될 수 있을 거예요.

나 혼자 해볼래 독서록 쓰기

초판 발행 2015년 10월 15일
초판 5쇄 2018년 12월 05일

글쓴이	이현주
그린이	박영
펴낸이	이진곤
펴낸곳	씨앤톡
임프린트	리틀씨앤톡
출판등록	제 313-2003-00192호(2003년 5월 22일)
주소	경기도 파주시 문발로 405
전화	02-338-0092
팩스	02-338-0097
홈페이지	www.seentalk.co.kr
E-mail	seentalk@naver.com
ISBN	978-89-6098-419-6 74810
	978-89-6098-199-7 (세트)

이 도서의 국립중앙도서관 출판예정도서목록(CIP)은 서지정보유통지원시스템 홈페이지(http://seoji.nl.go.kr)와 국가자료공동목록시스템(http://www.nl.go.kr/kolisnet)에서 이용하실 수 있습니다.(CIP제어번호: CIP2015025598)

ⓒ2015, 이현주

- 저작권법에 의하여 한국 내에서 보호를 받는 저작물이므로 무단전재 및 복제를 금합니다.
- KC마크는 이 제품이 공통안전기준에 적합하였음을 의미합니다.

모델명	나 혼자 해볼래 독서록 쓰기	**제조년월**	2018. 12. 05	**제조자명**	씨앤톡	**제조국명**	대한민국
주소	경기도 파주시 문발로 405	**전화번호**	02-338-0092	**사용연령**	7세 이상		

은 씨앤톡의 어린이 브랜드입니다.

나 혼자 해볼래
독서록 쓰기

이현주 글 | 박영 그림

이 책의 활용 방법

1 장마다 한 가지씩 쓰여 있는 '스스로 세우는 목표'를 또박 또박 읽어 보세요. 우리가 이 장에서 어떤 것을 배우는지 알 수 있어요.

2 책 속에 나오는 주인공들의 이야기를 읽어 보세요. 우리 친구들이 생각하는 것, 고민하는 것과 비슷하죠?

3 이야기 중간 중간 독서록 쓰기 방법을 알기 쉽게 정리해 놓았어요. 중요한 내용에 동그라미를 치면서 기억해 두세요.

4 이 책에는 다른 친구들이 쓴 독서록도 함께 실려 있어요. 친구들의 독서록을 살펴보고 참고해 봐요.

5 이야기를 다 읽고 난 뒤에는 처음 세운 목표대로 혼자서 해 보는 거예요. 동그라미 친 부분을 다시 찾아보거나 친구들의 독서록을 살펴보면 도움이 되겠죠?

6 '스스로 평가하기'의 질문을 읽고 나에게 해당하는 것에 체크를 해 보세요. 그리고 목표를 잘 수행했는지 스스로 판단해 봐요.

독서록은 대체 왜 써요?

"책만 읽으면 되지 독서록은 왜 써요?"

가끔 저에게 이렇게 볼멘소리를 하는 친구들이 있어요. 왜 독서록이 싫으냐고 물으면, '귀찮아서' 혹은 '뭘 써야 할지 몰라서'라고 대답하죠. 그런데 어느 날 한 친구가 이런 이야기를 했어요.

"분명히 다 읽은 책인데도 독서록을 쓰려면 아무 생각도 안 나요. 그럼 엄마는 읽은 책인데 왜 기억을 못하냐고, 책을 제대로 읽지 않아서 그렇다며 혼내시죠. 그럴 때는 정말 독서록이 미워요."

그 말에 저는 무릎을 탁! 쳤답니다. 그 친구의 불만과 투정 속에 독서록을 써야 하는 이유가 숨어 있었기 때문이에요. 한 권을 읽더라도 제대로 깊이 읽기 위해! 책 속의 이야기와 그 느낌을 오래 기억하기 위해! 이게 바로 독서록을 써야 하는 중요한 이유랍니다.

물론 저도 친구들의 고민을 모르지 않아요.

아마 많은 친구들이 독서록을 펼쳐 놓고 한참을 망설이겠죠. 뭘 써야 할지 잘 모르기 때문에요. '아~ 재미있었다!' 하고 끝나버린 느낌을 글로 적으라고 하니 고민이 될 수밖에요.

하지만 마음을 편하게 가라앉히고 내 머릿속 생각을 천천히 들여다보세요. 이야기를 읽으면서 느꼈던 감정을 다시 꺼내 보는 거예요. 그러면 어느새 생각 풍선이 점점 커지는 경험을 하게 될 거예요. 그 과정에서 창의력과 사고력도 쑥쑥 자라게 되겠죠?

이 책의 주인공 마루도 우리 친구들과 비슷한 고민을 한답니다. 마루는 독서는 좋아하는데 글쓰기는 정말 싫어해요. 그래서 독서로는 왕이지만 독서록 쓰기에서는 꼴찌라는 불명예를 안게 됩니다. 하지만 이제 더 이상 마루는 독서록 쓰기를 싫어하지 않아요. 친구 예지와 함께 '독서록 재밌게 쓰는 방법'을 찾아냈거든요.

우리 친구들도 마루와 예지의 이야기를 따라가다 보면 자신도 모르게 "독서록 쓰기! 나 혼자 할래!" 하고 자신 있게 외치게 될 거예요. 자, 그럼 이제 책 읽기는 일등, 독서록 쓰기는 꼴등인 마루를 만나러 가 볼까요?

지은이 이현주

제1장

독서왕의 위기

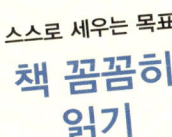

스스로 세우는 목표
책 꼼꼼히 읽기

내가 꼴찌라 고?

사락사락. 사르륵.

책장 넘기는 소리가 기분 좋게 들리는 오후예요. 마루는 태권도 학원을 가기 전에 항상 학교 도서관에서 책을 읽습니다. 오늘은 친구들이 축구를 하자고 졸라서 아주 잠깐 고민하기는 했지만, 평소처럼 운동장 대신 도서관으로 발걸음을 옮겼어요.

늘 앉던 도서관 창가 자리에서 책을 잔뜩 쌓아 놓고 한 권씩 읽다 보니 축구 생각은 저만치 달아나 버렸습니다. 책 속의 다양한 세상에 깊이 빠져 버렸기 때문이죠.

조금 전 읽었던 안중근 선생님의 이야기에 이런 말이 있었어요.

'하루라도 책을 읽지 않으면 입에 가시가 돋는다.'

마루는 이 부분에서 자신도 모르게 고개를 끄덕였어요. 요즘 마루가 바로 그렇거든요. 보통 아이들이 그렇듯, 마루도 게임과 축구를 좋아합니다. 하지만 그래도 가장 즐거운 시간은 책을 읽는 시간입니다.

그러니 도서관 방문 순위 1위, 도서 대출 순위 1위는 늘 마루 차지일 수밖에요. 그뿐인가요? 얼마 전에는 학교에서 2학년 대표로 '독서왕' 상장을 받기도 했어요. 덕분에 친구들은 물론 학부모들 사이에서도 유명 인사가 되었지요.

"마루 엄마는 얼마나 좋을까? 우리 민재는 책 한 권 읽히려면 얼마나 잔소리를 해야 하는지. 나중에는 지쳐서 읽든지 말든지 마음대로 하라고 큰소리치게 된다니까요?"
민재네 엄마는 마루 엄마를 볼 때마다 부럽다고 야단입니다. 그러나 어쩐지 마루 엄마의 표정이 밝지만은 않습니다. 사실은 마루에게 골치 아픈 문제가 있기 때문이죠.
바로 흰 종이만 봐도 머리가 멍해지는 독서록 공포증!

책을 많이 읽는 것이 중요하다는 건 누구나 잘 알고 있을 거예요. 그래서 마루 엄마는 마루가 아주 어렸을 때부터 매일 책을 읽어 줬지요. 또한 거실을 서재로 만들어서 온 가족이 함께 독서 시간을 갖기도 했어요. 다행히 마루는 책을 좋아하는 아이로 성장했지요.

하지만 마루는 책 읽기만 좋아할 뿐, 자신의 생각을 표현하거나 글로 쓰는 것을 끔찍하게 싫어해요. 그래서 독서록을 쓸 때면 엄마와 한바탕 입씨름을 하다가 둘 다 지쳐 포기하곤 하지요.

사실, 마루 엄마 역시 독서록 쓰기를 어떻게 도와줘야 할지 막막하기만 합니다. 독서록 때문에 마루가 책 읽기조차 싫어하게 될까 봐 걱정되기도 하고요. 마루 엄마는 자신도 모르게 '휴우' 한숨을 내뱉고 맙니다.

"다녀왔습니다!"

태권도 학원에서 땀을 쏟고 온 마루가 집에 오자마자 욕실로 뛰어 들어갑니다. 평소에는 엄마의 폭풍 잔소리를 들은 뒤에야 겨우 욕실로 향하던 마루가 웬일일까요?

"마루야, 오늘 독서록 숙제 있지?"

엄마가 욕실 문을 빠끔히 열고는 마루를 바라봅니다.

"응. 있을걸?"

마루는 엄마와 눈도 마주치지 않고 건성으로 대답합니다.
"씻는다고 시간 끌어도 소용없어. 오늘은 무조건 엄마랑 독서록 숙제 하는 거야. 알았지?"
"……."
"대답해야지."
"네."

엄마는 원하는 답을 듣고 나서야, 욕실 문을 닫아 줍니다. 마루는 거울을 가만히 바라보며 '하아' 하고 한숨을 내뱉습니다.

요즘 엄마는 마루와 눈만 마주치면 독서록 타령입니다. 그래서 지금도 엄마를 피하기 위해 욕실로 뛰어 들어온 거죠. 마루는 씻고 난 뒤 얼른 방으로 들어가 수학 숙제를 하고 책을 좀 읽다가 은근슬쩍 잠들어 버릴 생각이었습니다. 하지만 엄마의 태도를 보니 그럴 수 없을 것 같았지요.

결국 마루는 욕실에서 나오는 순간, 보고 싶지 않던 독서록과 마주보고 앉아야 했습니다. 마루는 책상 앞에 앉아 독서록을 이리저리 넘겨 보았어요. 한 학기 동안 마루가 쓴 독서록은 겨우 세 편. 그것도 억지로 겨우 쓴 것들이라 대충 그린 그림에 '재미있었다', '또 읽고 싶다', '감동적이다' 등의 짧은 글이 전부였죠.

독서 감상화라고 하면 원래 책을 읽은 뒤 가장 기억에 남는 장면을 그림으로 표현하고 이에 대한 짧은 설명을 덧붙이는 것이지만, 마루는 제일 쉬워 보이는 그림을 따라 그리는 게 전부였습니다. 그러니 당연히 그 장면을 그린 이유도 쓸 수 없었죠. 마루에게 있어 독서록은 '숙제를 위한 숙제' 그 이상도 그 이하도 아니었어요.

또 독서록을 쓰지 않아도 선생님이 꾸짖지 않았기 때문에 꼭 해야 할 필요성도 느끼지 못했어요. 하지만 오늘은 엄마가 단단히 마음먹은 것 같아, 억지로라도 한 편 쓰긴 해야 할 것 같았지요. 마루는 독서록을 가만히 노려봤습니다.
독서록에는 이렇게 쓰여 있었습니다.
1. 책을 읽게 된 동기를 쓰세요. 2. 줄거리를 쓰세요. 3. 책을 읽은 후 느낀 점을 쓰세요.

설명만 봐도 마루는 머리가 텅 비는 기분이에요. 책을 읽은 이유야 당연히 재미있어 보여서 아닌가요? 줄거리는 책의 내용을 쓰는 건데 그 많은 내용을 어떻게 다 쓰나요? 엄마는 중요한 내용만 쓰면 된다고 말했지만, 마루에게는 책 속에 중요하지 않은 부분은 하나도 없는걸요? 그리고 느낀 점도 그렇습니다. 책을 덮고 나서 드는 생각은 늘 이거 하나

에요. '아~ 재미있었다.' 물론 가끔 '무섭다', '슬프다', '지루하다', '재미없다'는 느낌도 있었습니다. 하지만 이렇게만 쓰면 엄마와 선생님은 더 구체적으로 자세히 쓰라고 지적합니다. 그 느낌을 대체 어떻게 구체적으로 써야 하는지 마루는 도무지 알 수가 없었습니다.

그러니 독서록의 빈 페이지를 볼 때마다 머릿속도 하얘지는 기분이 들 수밖에요.

마루는 오늘도 결국 다른 페이지로 넘겨 독서 감상화를 그리기로 했습니다. 이번에도 역시 가장 쉬워 보이는 장면을 그리고 '재미있어서 그랬다'라고 짧게 쓰고 끝을 냈지요. 물론 엄마는 또 한숨을 내쉬고 말았지만요.

그렇습니다. 선생님은 독서록을 안 써도 혼내지 않았고, 마루는 자타공인 독서왕으로 모두의 인정을 받고 있었습니다. 그러니 지금까지는 아무런 문제가 없었죠. 정확히 지금까지는 말입니다.

"다른 친구들은 독서록 노트 한 권이 다 끝나 가는데 마루는 오늘까지 독서록을 딱 네 편 썼네?"

숙제 검사를 마친 독서록을 나눠 주던 선생님이 마루의 독서록을 살펴보며 알 수 없는 미소를 지었습니다. 결코 칭찬이 아니었기에 마루는 괜히 가슴이 콩닥거렸죠.

"우리 마루, 책 읽기는 1등이지만 독서록은 꼴찌구나."

선생님의 말이 끝나자마자 반 아이들이 '와~' 하고 웃음을 터트립니다. 오로지 마루만 웃지 못하고 있었죠.

선생님의 폭탄 발언은 그뿐만이 아니었습니다. '일주일에 세 편씩 독서록을 쓸 것! 숙제를 안 한 사람은 남아서 쓰고 갈 것! 특히 마루는 내일 독서록을 다시 제출할 것!'

마루처럼 독서록 숙제를 전혀 하지 않는 친구들이 있어서 앞으로는 제대로 검사를 하겠다는 선생님의 말에 여기저기에서 탄식이 쏟아졌습니다. 독서록 꼴찌 마루는 울고 싶을 지경입니다.

"어이! 독서왕!"

멍하니 걸어가던 마루 옆으로 쪼르르 달려와 생긋 웃는 아이는 바로 짝꿍 예지입니다. 예지는 뭐가 그리 우스운지 킥킥거리고는 마루를 바라봅니다.

"아니지~ 이젠 독서록 꼴찌라고 불러야겠지? 히히. 독서록 꼴찌? 어디 가?"

"송아지 너어!"

마루는 붉으락푸르락 달아오른 얼굴로 씩씩거립니다. 그런 마루의 모습이 재미있는지 예지는 또다시 킥킥 웃습니다.

　　예지는 그동안 자신을 송아지라고 놀리며 '송아지~ 송아지~ 얼룩송아지~' 노래를 불러대던 마루가 얄미웠어요. 그러니 '독서록 꼴찌'라는 이렇게 멋진 놀림거리를 그냥 지나칠 수가 없지요.

　　"독서록 꼴찌! 너는 책 읽는 건 그렇게 좋아하면서 독서록은 왜 안 쓰는 거야?"

　　예지의 놀림에 대꾸하기 싫어 그냥 지나치려 하자, 이번에는 예지가 마루의 어깨를 잡습니다.

　　"독서록은 왜 안 쓰냐니까?"

　　예지는 그 이유를 꼭 알고 싶은지 큰 눈을 반짝이며 마루의 대답을 기다립니다. 마루는 한숨을 푹 내쉬며 당연한 걸 묻냐는 듯 대답을 툭 내뱉었죠.

　　"글 쓰는 게 싫으니까."

마루의 대답에 예지는 고개를 갸우뚱거립니다.

"책을 많이 읽으면 글쓰기 실력도 좋아지는 거잖아. 그런데 너는 왜 글쓰기가 싫어?"

마루는 예지의 질문이 귀찮았어요. 그래서 가라는 듯 손짓을 두어 번 하고는 빠르게 걸어 도서관 안으로 들어갔지요.

마루는 책장에서 아무 책이나 꺼내 얼른 창가 자리에 앉았습니다. 창가로 쏟아지는 기분 좋은 햇살, 마음이 편안해지는 책 냄새, 집중해서 책을 읽을 수 있는 고요함……. 언제 와도 도서관은 마음을 차분하게 만들어 줍니다.

수다쟁이 예지의 방해만 없다면 말이죠.

"『엄마 까투리』구나? 나도 그 책 읽어 봤는데."

옆자리에 앉아 턱을 괴고 씽긋 웃고 있는 예지를 보자 마루는 '휴우' 한숨이 저절로 새어 나옵니다.

마루는 예지에게 저리 가라는 듯 또다시 손을 휘휘 내젓고는 다시 책에 고개를 파묻었어요. 하지만 예지의 방해는 끝나지 않았어요.

"앞표지에 어떤 그림이 있었는지 기억해?"

"앞표지 그림을 왜 기억해야 해!"

마루는 자기도 모르게 버럭 소리를 질렀어요. 도서관에서 책을 보던 친구들이 모두 마루를 바라보았지요. 마루는 새빨개진 얼굴을 푹 숙였어요. 그리고 뭐가 그렇게 재미있는지 입을 가린 채 키득거리는 예지를 무섭게 노려보았지요.

"방해하지 말고 다른데 가서 앉아."

"응. 내 질문에 대답해 주면 다른 데로 갈게."

마루는 자신의 기분은 아랑곳하지 않고 생글거리는 예지가 얄미웠지만, 어쩔 수 없이 고개를 끄덕였어요. 그냥 빨리 대답해 주는 것이 가장 좋은 방법 같았기 때문이죠.

"질문이 뭔데?"

"앞표지에 어떤 그림이 있었는지 기억하냐고."

"당연히 기억나지! 앞표지에…… 무슨 그림이 있었냐 하면…… 그게……."

마루는 더 이상 말을 이어갈 수 없었어요. 앞표지의 그림이 전혀 떠오르지 않았거든요. 사실 마루는 책 제목도, 앞표지도 제대로 보지 않고 책을 펼쳐 읽기 시작했지요. 생각해 보니 책을 읽을 때 앞표지를 살핀 적이 한 번도 없었던 것 같기도 했어요. 마루의 눈동자가 흔들리는 걸 눈치 챘는지, 예지가 씨익 웃고는 질문을 이어갔어요.

"뒤표지도 안 봤겠네?"

"……."

"그 책을 쓴 사람은 누구야?"

"……."

"머리말은 읽었어?

"……."

마루는 그 어떤 것도 대답할 수 없었어요. 왜 이런 걸 대답해야 하는지, 순간적으로 짜증이 나기도 했지요.

"책 읽는데 그걸 왜 알아야 돼!"

맞아요. 책 읽는데 그런 걸 왜 일일이 알아야 하죠? 그냥 책 내용만 읽으면 되지. 안 그런가요?

하지만 예지는 그렇지 않다는 듯 고개를 절레절레 젓더니 이전과 달리 심각한 표정으로 마루를 바라봤어요.

"그럼, 그 책을 왜 골랐어?"

마루는 마치 머리를 한 대 맞은 것처럼 멍해졌어요.

항상 닥치는 대로, 제목만 보고 대충 책을 집어서 읽는 편이었거든요. 그러니 책을 고른 이유를 물어보면 '그냥' 혹은 '재미있어 보여서' 외에 할 말이 없을 수밖에요. 당황하는 마루를 보고 예지가 알겠다는 듯 고개를 끄덕였어요.

"그러니까 독서록 쓰는 게 어렵지."

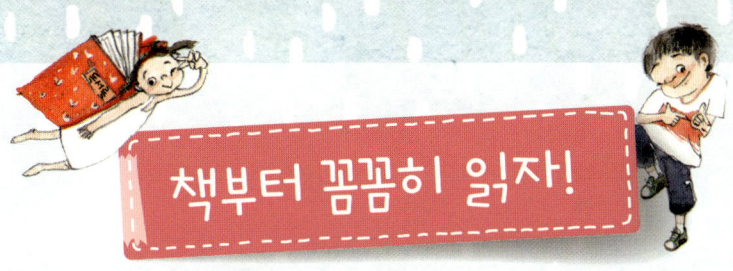

책부터 꼼꼼히 읽자!

독서의 가장 큰 이유는 당연히 '재미'라고 생각해요. 하지만 마치 '재미있나? 없나?'만 살펴보듯 책을 슥슥 읽어 버리고 만다면 독서록을 쓸 때 제대로 기억나는 것이 없을 거예요.

그럼 어떻게 해야 하냐고요? 예지가 마루에게 던진 질문을 떠올려 보세요. 책을 꼼꼼하게 제대로 읽는 것! 그게 바로 독서록을 잘 쓰기 위한 첫 걸음이거든요!

 책의 앞표지와 뒤표지 꼼꼼히 살피기

책의 표지에는 제목과 지은이, 출판사 등의 정보와 함께 내용을 함축적으로 표현한 그림도 그려져 있어요. 이러한 것들을 하나 하나 살펴보며 어떤 내용일지 상상해 본 뒤 책을 읽으면 도움을 받을 수 있을 거예요.

 지은이 소개 글과 머리말도 놓치지 않기

책을 쓴 사람의 소개 글도 놓치지 말고 꼼꼼히 읽어 보세요. 지은이가 어느 나라 사람인지, 어떤 환경에서 자랐는지, 또 어떤 책들을 썼는지 등을 알면 책의 내용을 더 깊이 이해할 수 있거든요. 또한 머리말은 지은이가 어떤 생각으로 이 책을 쓰게 되었는지, 무엇을 말하고 싶었는지 등을 말해 준답니다.

3 차례도 읽어요

표지부터 머리말까지 읽었으니 당연히 차례 부분도 놓치면 안 되겠죠? 책에서 차례는 음식점의 메뉴판과 비슷한 역할을 해요. 메뉴판을 보며 이 식당에 어떤 음식이 있는지 살펴보고 그 맛을 상상해 볼 수 있는 것처럼, 책도 차례를 통해 그 내용을 예상할 수 있지요.

4 자, 이제는 책 속으로 풍덩!

이제는 책의 내용을 재미있게 읽으면 된답니다. 여기서 한 가지 더! 책의 재미를 더할 수 있는 방법이 있어요. 표지와 차례 등을 통해 내가 예상했던 내용과 실제 이야기를 비교해 가며 읽는 것이지요.

또한 내가 책 속 주인공이 되었다고 상상하며 읽는 것도 좋은 방법이랍니다. '나라면 어땠을까?', '이런 건 본받아야겠다', '앞으로는 어떻게 될까?' 등 다양한 생각을 하며 책을 읽는다면 책에 더 푹~ 빠질 수 있을 거예요!

예지는 집게손가락을 이리저리 흔들며 말을 이어 갔어요.

"책을 읽기 전에 제목과 표지 그림을 보면, 어떤 이야기인지 예상할 수 있잖아. 또 지은이 소개 글이나 머리말을 읽어 보면 누가 어떤 생각으로 이 책을 썼는지도 알 수 있겠지? 이런 내용을 독서록 첫 부분에 적으면 책을 읽게 된 동기와 책에 대한 첫 느낌 등이 완성되는 거야."

예지가 책 표지와 지은이 등에 대해 물어본 이유를 알 것 같아 마루는 '아~' 하는 감탄사와 함께 고개를 끄덕였어요.

"책을 많이 읽는 것도 좋지만, 한 권을 읽더라도 제대로 깊이 있게 읽는 게 중요해. 책을 읽고 그냥 탁! 덮기보다 책을 읽은 뒤의 생각과 느낌을 정리하는 것이야말로 진정한 독서의 방법이라고 할 수 있지."

마루는 또다시 고개를 끄덕이다가 문득 잘난 척하는 예지가 얄미워 입을 삐죽였습니다.

"하여간 잘난 척은. 우리 학교 독서왕은 나거든?"

하지만 말싸움에서 질 예지가 아니죠.

"독서록 쓰기는 꼴찌잖아."

끙. 마루는 아무 말 못하고 앓는 소리만 냈어요. 예지는 뭐가 그리 재밌는지 웃음을 참으며 큭큭거렸죠.

마루는 예지를 향해 '송아지! 웃지 마!'라고 말하고 싶었지만 꾹 참았어요. 그럼 바로 '독서록 꼴찌'라고 할 게 뻔하니까요. 아무래도 앞으로 마루가 송예지를 송아지라고 놀리기는 힘들겠죠? 아~ 독서왕에게 이 무슨 굴욕인가요.

예지가 책을 고르러 가자, 마루는 다시 책을 읽기 시작했어요. 책장을 넘기던 마루는 문득 예지의 말이 떠올라 책을 덮어 표지를 살펴보았죠. 엄마 까투리의 등 위에 꿩병아리 아홉 마리가 올라가 있는 그림이었어요. 그런데 어쩐지 엄마 까투리가 눈물을 흘리는 것 같은 슬픈 느낌이 들었지요.

페이지를 넘기자 '까투리 이야기 써 보았습니다. 어머니의 사랑이 어떻다는 것을 일깨워 주기 충분하다고 봅니다. 좋은 그림책이 되었으면 좋겠습니다'라는 글이 있었어요. 지은이가 직접 쓴 듯한 글씨였어요. 마루가 아까 읽었을 땐 그냥 건너뛴 부분이었습니다.

표지 그림도 그렇고 지은이의 글도 그렇고 엄마 까투리가 새끼들을 사랑하는 내용이 담긴 이야기일 것 같다는 생각을 하며 마루는 책장을 넘겼습니다. 그런데 참 신기하죠? 이전보다 책에 더 깊이 빠져드는 거예요.

꿩병아리들을 구하기 위해 뜨거운 불길에도 꼼짝 않는 엄마 까투리의 모습에서 '어머니의 사랑'이라는 지은이의 말이 생각났습니다. 마루는 엄마가 생각이 나 괜히 눈물이 핑 돌았습니다. 하지만 혹시 예지가 보고 또 놀릴까 싶어 얼른 눈물을 닦았지요.

'책을 많이 읽는 것도 좋지만, 한 권을 읽더라도 제대로 깊이 읽는 게 중요해.'

예지의 말이 떠올랐습니다. 아까는 예지가 잘난 척하는 걸로만 생각하고 투덜거렸는데 이제는 그 말이 무슨 뜻인지 알 것 같아 마루는 자신도 모르게 미소를 지었지요.

그러다가 마루는 이내 힘없이 고개를 떨어뜨렸어요. 당장 내일까지 독서록을 제출해야 하는 상황! 갑자기 걱정이 물밀 듯 밀려오며 가슴 깊숙한 곳에 돌을 넣은 것처럼 마음이 무거워졌습니다. 예지가 마루의 걱정을 안다는 듯 고개를 두어 번 끄덕이더니 마루의 어깨를 툭툭 쳤습니다.

"한마루, 너는 오늘 나 만난 걸 행운으로 알아야 할 거야."

독서에 대한 명언

생각하지 않고 책을 읽는 것은 씹지 않고 식사하는 것과 같다.

— 롤. 버크

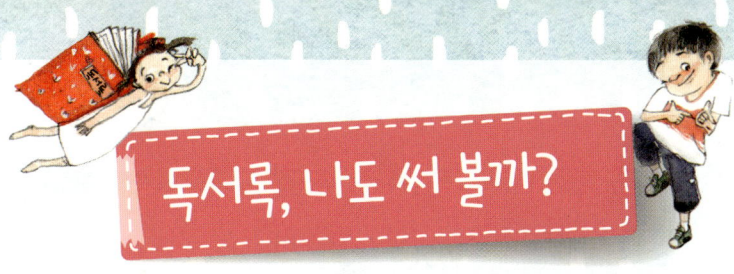

독서록, 나도 써 볼까?

예지가 말한대로 책을 꼼꼼하게 잘 읽었다면, 이제 독서록을 써 볼 차례예요. 먼저 가장 기본적인 독서록 쓰기의 형식을 알아야 나중에 변형해서도 쓸 수 있겠죠?

 책을 읽은 날짜, 제목, 지은이, 출판사 등을 적어요

책을 읽은 날짜	20XX년 △△월 □□일 (읽은 날짜를 써요.)
책 제목	엄마 까투리 (읽은 책의 제목을 써요.)
지은이	권정생 (책을 쓴 사람의 이름을 써요.)
출판사	낮은산 (책을 만든 곳의 이름을 써요.)

 책을 읽게 된 동기를 써요

어떤 이유로 이 책을 읽게 되었나요? 그게 바로 책을 읽게 된 동기지요. 추천을 받았거나 제목이 마음에 들어서, 혹은 표지 그림을 보고 책을 선택할 수도 있을 거예요. 책을 읽게 된 이유가 '그냥'인 경우는 없어요. 조금만 더 천천히 생각해 보면 내가 그 많은 책 중에 왜 이 책을 읽게 되었는지 분명한 동기가 떠오를 거랍니다.

> **Tip**
> **독서록 첫 부분은 동기 쓰기가 아닌 다른 방법으로도 시작할 수 있어요.**
> - 책 내용이나 특징, 주인공을 소개하며 시작하기
> - 지은이 소개로 시작하기
> - 책 제목이나 표지 등의 첫 느낌으로 시작하기 등

3. 줄거리를 간단하게 써요

독서록의 기본 내용 구성은 '동기-줄거리-느낀 점'이에요. 하지만 줄거리를 쓴다고 책 내용만 빼곡히 적는다면 좋은 독서록이라고 할 수 없어요. 우리 친구들이 좋아하는 햄버거를 한번 떠올려 볼까요? 햄버거는 빵과 빵 사이에 고기가 들어있는 음식이지만, 양배추와 양파, 토마토, 치즈가 함께 들어간다면 더욱 맛있겠죠? 독서록도 마찬가지예요. 줄거리 사이 사이에 다양한 생각과 느낌을 적어 준다면 더 풍부하고 좋은 독서록을 완성할 수 있답니다.

> **Tip**
> **독서록의 몸통은 줄거리 말고도 다양한 방법으로 채울 수 있어요.**
> - 주인공이 되어 '나라면 어땠을까?' 상상해서 쓰기
> - 등장인물의 행동과 나의 행동을 비교해 보기
> - 등장인물과 비슷한 경험 쓰기

- 등장인물 중 내 주변의 인물(가족, 친구 등)과 비슷한 인물 찾기
- 등장인물의 변화에 대한 생각과 느낀 점 쓰기
- 책을 읽으며 예상했던 내용과 실제 내용을 비교해 보기
- 책을 읽으며 느꼈던 감정(기쁨, 행복, 놀람, 안타까움 등) 쓰기

4 생각과 느낀 점 등을 적어요

'참 재미있었다', '나도 이 책의 주인공처럼 착한 마음을 갖고 살아야겠다', '욕심을 부리면 안 된다는 것을 알았다' 등 느낌 점을 간단하게 한 줄만 쓰고 독서록을 끝내는 친구들이 많을 거예요. 물론 꼭 길어야만 좋은 글은 아니에요. 하지만 매번 다른 책을 읽는데도 생각과 느낀 점이 거의 비슷하면 안 되겠지요?

Tip

생각과 느낌은 다양한 방법으로 끌어낼 수 있어요.
- 가장 기억에 남는 장면과 그 이유 쓰기
- 책을 통해 배운 점 및 교훈 적기
- 내가 주인공이었다면 책의 내용이 어떻게 바뀌었을지 상상해 보기
- 주인공에게 하고 싶은 말 써 보기
- 작가에게 궁금한 점을 물어보거나 하고 싶은 이야기 쓰기
- 책을 읽기 전과 읽고 난 후 변화된 내 생각 비교해 보기
- 이 책을 읽어 보라고 권하고 싶은 친구와 그 이유 쓰기
- 등장인물들의 뒷이야기 상상해 보기

그래도 독서록이 어려운 친구들에게 추천합니다!

 한 줄로도 충분해! 한 줄 독후감

책을 읽은 뒤 느낌을 한두 문장으로 짧게 정리해 보세요. 중심 내용을 파악하고 이해하는데 도움이 될 거예요.

책 제목	지은이/출판사	읽은 날짜	한 줄 느낌
1			
2			
3			

2 간단한 독서 카드 만들기

독서 카드만으로도 훌륭한 독서록이 될 수 있어요. 책을 읽은 뒤 그때그때 독서 카드에 메모를 해 두면 나중에 독서록을 쓸 때도 도움을 받을 수도 있답니다.

독서카드 No.1			
읽은 날짜		책 제목	
지은이		출판사	
등장인물		배경	
주인공이 한 일 (중심 내용)			
중심 낱말			
생각과 느낌			

독서 일기

강서초등학교 2학년 **고가빈**

책 제목 **난 밤이 너무 무서워!** | 지은이 **박비소리** | 출판사 **리틀씨앤톡**

그림 일기 형식으로 독서록을 쓸 때는 가장 기억에 남는 장면을 그리면 됩니다. 가빈이는 간단하게 책의 내용을 적고 난 뒤 책을 통해 알게 된 점을 적었네요. 짧은 내용이지만 주인공이 누구인지, 어떤 문제가 있었는지, 어떻게 해결했는지 요약을 아주 잘했네요.
줄거리를 정리하기가 힘들다면 가장 재미있었던 장면을 쓰거나 마음에 드는 등장인물을 소개하는 글도 좋습니다. 이럴 때는 이유도 함께 꼭 적어야겠죠?

독서 일기

내발산초등학교 2학년 **김재석**

책 제목 **빵점 맞은 날** | 지은이 **스가와라 카에데** | 출판사 **그린북**

재석이는 빵점 맞은 시험 때문에 걱정하는 모습을 그림으로 재미있게 잘 표현했네요. 제목을 쓰는 부분에 책 제목이 아닌 자신만의 독서록 제목을 지어 넣은 점을 칭찬해 주고 싶어요.
그림 일기 형식의 독서록에는 많은 내용을 담을 수 없어요. 그러니 책의 줄거리보다는 재석이처럼 가장 핵심적인 사건을 자신의 경험과 비교해 보는 것도 좋은 방법이 될 수 있지요.
주인공을 응원하거나 '나라면 어땠을까?' 하고 생각해 본 내용을 적는 것도 좋겠죠?

독서 감상문

강서초등학교 2학년 박지은

나는 치과에 가는게 싫다. 왜냐하면 겁이 나기 때문이다. 드소토 선생님 같은 선생님이 있다면 치과에 가는게 안 무서울 텐데 진짜 치과의 선생님은 무섭다. 드소토 선생님은 생쥐다. 드소토 선생님은 동물들의 이를 잘 치료하신다. 그런데 어느날 여우가 나타나 이빨을 치료해 달라고 왔다. 드소토 선생님은 위험할까 봐 걱정했지만 용감하게 문을열어 줬다. 드소토 선생님은 여우의 이빨을 치료해 주셨다. 여우는 고민에 빠졌다. 잡아먹을까? 안 잡아먹을까? 여우는 잡아 먹지 않기로 하고 치과에 갔다. 그리고 드소토 선생님께 고맙다고 했다. 나는 여우가 이빨이 다나은 다음에 드소토 선생님을 잡아먹을까 봐 걱정이 되었다. 하지만 드소토 선생님과 부인이 꾀를 내어 여우도 낫게 하고 여우에게 잡아먹히지 않아서 다행이다. 드소토 선생님은 마음씨도 착하고 용감한 것 같다. 나도 드소토 선생님 같은 착한 의사 선생님을 만나고 싶다.

책 제목 치과 의사 드소토 선생님 | **지은이** 윌리엄 스타이그
출판사 비룡소

독서 감상문

강서초등학교 2학년 김민주

'책 먹는 여우'라는 제목보고 책은 무슨 맛인지 궁금했다. 그래서 책을 읽어 봤는데 정말로 주인공인 여우가 읽은 책에 소금을 솔솔 뿌리고 후추도 솔솔 뿌려가면서 맛있게 먹는 것이었다. 나도 갑자기 책이 무슨 맛인지 궁금했다. 그래서 책을 조금 찢어서 먹어봤는데 아무 맛도 나질 않았다. 엄마는 책이 마음의 양식이라고 책을 열심히 읽으라고 하신다. 양식은 먹는 것이니까 혹시 여우아저씨도 그래서 책을 먹었나보다. 나는 책이 맛이 없어서 먹지 못하니까 그냥 열심히 읽어야겠다. 그러면 여우 아저씨처럼 생각이 술술 흘러나올까? 여우 아씨가 쓴 책도 무슨 이야기인지 한번 읽어보고 싶다.

책 제목 책 먹는 여우 | **지은이** 프란치스카 비어만
출판사 주니어김영사

독서 감상문

강서초등학교 3학년 김효은

학교생활은 언제나 똑같다. 그래서 가끔 지루할 때가 있다. 재미있는 사건이나 특별한 일이 일어 나 다면 얼마나 신날까? 학교에 사자가 나타나는 일 처럼 말이다. 학교에 가기 싫어 하는 작은 여자아이는 오늘도 느지막이 집을 나섰다. 그때 커다란 사자 한 마리를 만났다. 사자는 자신을 학교에 데려가지 않으면 잡아 먹겠다고 했고 아이는 사자의 등을 타고 학교에 갔다. 사자는 아이와 함께 공부도 하고 그림도 그리고 급식도 먹었다. 선생님이 사자를 새로운 친구라고 받고 출석부에 이름을 적는 장면이 재미 있었다. 그리고 또 재미있는 장면이 있다. 사자와 작은 여자아이를 괴롭히는 애들을 무섭게 으르렁 거리며 혼을 내준 장면이다. 그 뒤 사자는 학교에 오지 않았지만 애들은 작은 여자아이를 절대 괴롭히지 못할 것이다. 언젠가 사자가 다시 나타나 한 입에 꿀꺽 삼켜 버릴지도 모르니까. 사자와 함께 학교에 같이 다니는 기분은 어떨까? 든든 하기도 하겠지만 무서울것 같다. 그래도 이 책 속에 나온 사자 처럼 착한 사자 라면 재미있겠다. 우리반 장해찬 좀 혼내주라고 해야지!

책 제목 학교에 간 사자 | **지은이** 필리파 피어스 | **출판사** 논장

스스로 평가

- 책의 앞표지 그림을 유심히 보았나요? ☐
- 책의 뒤표지도 꼼꼼히 살폈나요? ☐
- 지은이 소개와 머리말도 읽어 보았나요? ☐
- 차례 부분도 놓치지 않고 읽었나요? ☐
- 가장 기억에 남는 장면이 있었나요? ☐
- 머릿속으로 생각과 느낌을 정리했나요? ☐
- 어떻게 독서록을 쓸지 생각해 보았나요? ☐

제2장

독서록!
너, 나랑 친구하자!

스스로 세우는 목표
내 경험과 비교하여 생각해 보기

생각보다 재밌잖아?

"넌 꿈이 뭐야?"

생각지 못한 예지의 질문에 마루는 눈이 휘둥그레졌어요.

"독서록 쓰는 법을 알려 준다더니, 갑자기 꿈은 왜?"

"필요하니까 물어보는 거지. 넌 커서 뭐가 되고 싶어?"

꿈에 대한 질문을 받을 때면 마루의 머릿속에는 여러 가지 직업이 스치고 지나가요. 마루는 멋진 탐험가도 되고 싶고, 화려한 아이돌 가수도 되고 싶고, 수영 선수가 돼서 올림픽 금메달도 따고 싶거든요. 하지만 요즘 가장 되고 싶은 건 따로 있습니다. 바로 영화감독입니다.

고민하는 마루의 표정을 보고 예지가 책 한 권을 꺼내 들었어요. 그 책의 제목은 『오리아나 팔라치』였어요.

"나는 오리아나 팔라치처럼 세계 곳곳에서 일어나는 여러 문제를 세상에 알리는 기자가 되고 싶어."

예지는 행복한 표정으로 계속 말을 이어 갔습니다.

"그래서 이 책을 읽고 많은 생각을 할 수 있었어. 어려운 환경에서도 절대 포기하지 않고 당당하게 꿈을 이룬 오리아나 팔라치를 보고 어떤 것도 쉽게 포기하지 말고 노력해야겠다는 걸 깨달았거든. 세상의 어두운 면을 알리기 위해 전쟁터까지 뛰어든 용기도 배우고 싶었고."

"그렇구나."

고개를 끄덕이던 마루는 이내 고개를 갸우뚱거렸어요.

"근데 갑자기 그 이야기를 왜 하는 거야?"

마루의 질문에 예지가 눈빛을 반짝였습니다.

"내 꿈과 관련된 책을 읽었더니 집중도 잘되고 느끼는 것도 많더라고. 그러니 당연히 독서록도 더 잘 쓸 수 있었지."

"아, 그래서 내 꿈이 뭔지 물어본 거야?"

"응. 너는 커서 뭐가 되고 싶어?"

마루의 꿈이 궁금했는지 예지의 큰 눈이 더 커졌어요.

"내 꿈은 말이지……. 나는 요즘 영화감독이 되고 싶어."

"영화감독?"

마루는 고개를 끄덕이고는 손을 앞으로 내밀어 포즈를 잡아봅니다.

"레디~! 액션!"

마루의 엉뚱한 행동에 예지는 하하하 큰 소리로 웃고 말았어요. 결국 도서관에 있던 사람들이 모두 마루와 예지를 바라보았지요.

마루와 예지는 미안하다는 표시로 고개를 살짝 숙이고는 바로 가방을 들고 도서관 밖으로 나왔습니다. 그리고 참았던 웃음을 터트리고 말았어요.

"한마루 너 때문에 웃음 참느라 혼났잖아. 갑자기 레디 액션이라니! 하하하하."

"나는 그냥 내 꿈을 말하다 보니. 히히."
둘은 심호흡을 크게 하고는 마주보고 싱긋 웃었습니다.

"그러니까 나도 너처럼 장래 희망과 관련된 책을 읽으면 느낀 점도 많아지고 독서록에 쓸 내용도 풍부해진다 이거네?"
"그렇지! 그것 말고도 평소에 관심이 있던 것에 대한 책을 읽으면 궁금증이 해결되기도 하고, 또 공감이 잘돼서 마음속으로 다양한 질문도 던지게 될 거야. 그때 떠오른 생각을 잘 정리해 뒀다가 독서록에 쓰기만 하면 되니까 독서록 때문에 스트레스 받을 일이 없는 거지."
마루는 말없이 고개만 끄덕였습니다. 마루가 존경하는 영화감독 스티븐 스필버그의 이야기를 읽는다면 책을 읽은 동기도 쓸 수 있고, 영화감독이 어떤 일을 하는지 더 자세히 알 수도 있을 거예요. 스티븐 스필버그가 영화감독으로 성공하기까지의 모습을 통해 배우는 것도 아주 많겠죠?
예지의 말대로 이 내용을 독서록에 쓰기만 하면 되니까 비어 있는 독서록을 봐도 전혀 두렵지 않을 것 같았습니다.

"어때, 정말 날 만난 게 행운이라고 생각하지?"

마루는 말 대신 엄지손가락을 들어 보였습니다. 정말이지 예지 덕분에 가슴속에 깊숙이 박혀 있던 묵직한 돌 하나가 툭! 튀어나온 듯 마음이 가벼워졌거든요.

"그리고 이거! 너에게 추천하는 책이야."

예지가 책 한 권을 마루에게 내밀었습니다. 『칠판 앞에 나가기 싫어』라는 제목의 책이었습니다. 마루는 책을 받아 들며 배시시 웃었어요. 아무리 독서록 꼴찌긴 하지만 명색이 독서왕 마루 아닙니까?

"뭐야~ 이거 1학년 때 읽었던 책이야."

"독서왕이 어련하시겠어. 근데, 책 내용도 기억나?"

"그건……. 뭐 그냥 제목처럼 칠판 앞에 나가기 싫어하는 애 이야기잖아."

"에이~ 그게 다야? 그럼 그렇지."

예지는 그럴 줄 알았다는 듯, 팔짱을 끼고 고개를 끄덕였습니다. 마루는 괜히 입술만 삐죽이 내밀었어요.

사실 분명히 읽은 책인데도, 이 아이가 왜 칠판 앞에 나가기를 싫어했는지, 마지막에 어떻게 됐는지 가물가물해서 마루는 더 자세히 말할 수가 없었거든요.

"그럼, 내가 왜 이 책을 추천하는지 알아?"

마루가 그 이유를 알 리 없지요. 마루는 그저 고개만 절레절레 저었습니다.

"에르반이 칠판 앞에 나가서 수학 문제를 푸는 걸 싫어하는 것처럼 너도 발표하는 거 싫어하지?"

마루는 머리를 긁적이며 고개를 끄덕였어요.

"어제 국어 시간에 개미만 한 목소리로 발표해서 선생님이 '마루야, 더 큰 소리로 말해 볼까?' 하고 몇 번이나 다시 말하셨잖아. 그런데도 목소리는 더 작아지고, 얼굴은 홍당무처럼 빨개지더라?"

마루는 그때의 기억이 떠올라 인상을 찌푸렸습니다. 다 알고 있는 내용인데도 선생님이 발표를 시키거나, 앞에 나와서 풀어 보라고 하면 이상하게 머릿속이 멍해지는 건 왜일까요? 그래서 마루는 발표 시간만 되면 한없이 작아지는 기분이 들었지요.

"너의 그 경험을 떠올리며 이 책을 읽으면 주인공 에르반과 비슷한 점이 많이 보일 거야. 그걸 오늘 독서록에 써 봐."

"그렇겠구나!"

마루는 알겠다는 듯 손뼉을 짝 쳤습니다.

"이제 독서록 쓰는 거 별로 겁나지 않지?"

마루는 방긋 웃는 예지가 문득 고마웠습니다. 예지를 만난 것은 정말 행운이라는 생각도 들었지요.

'흠......'

집에 돌아온 마루는 가만히 책 표지를 바라봤어요. 마치 책을 뚫기라도 할 듯 아주 진지한 표정으로요. 분명히

예전에 읽었던 책인데 어째서 내용이 떠오르지 않을까요?

　마루는 가끔 친구들이 책을 추천해 달라고 할 때, 정확하게 기억나는 책이 없어 당황하고는 했어요. 그 이유가 어쩌면 독서록을 쓰지 않아서일지도 모른다고 생각하며 마루는 책 표지를 살펴보았지요.

　한 아이가 책상 앞에 앉아 겁에 질린 표정으로 어딘가를 바라보고 있었어요. 한 손에 샤프를 들고 있는데도 다른 한 손으로 필통 속을 뒤지는 모습이 불안해 보였지요. 그리고 아이 옆으로 보이는 검은 그림자. 이 그림자가 아이를 불안에 떨게 하는 사람이자, 아이가 바라보고 있는 사람이겠죠?

　마루는 표지에서 느낀 점과 예지가 추천해 준 이유 등을 떠올리며 책을 읽어 내려가기 시작했어요.

　"그래, 에르반은 선생님과 눈이 마주칠까 봐 두려워하고 있는 거였어. 선생님이 이름을 부르면 칠판 앞으로 나가서 수학 문제를 풀어야 하니까. 그렇다면 그림자는 선생님이구나. 에르반의 마음을 표현하려고 선생님의 그림자를 조금

무섭게 그랬나 봐."

마루는 에르반과 자신의 닮은 점도 발견했어요. 마루도 친구들 앞에서 발표하거나 문제를 풀어야 할 때 입이 바싹바싹 마르거든요. 이미 답을 알고 있는데도 혹시 실수할까 봐 목소리는 개미만큼 작아지고, 머릿속은 새하얀 도화지가 된 것처럼 아무런 생각도 나지 않죠.

그러자 에르반이 무척 친근하게 느껴졌어요. 책 속 인물일 뿐인데도 오랜만에 만난 친구 같았지요. 주인공의 마음을 잘 이해할 수 있다 보니 내용도 술술 읽혔어요.

마루는 마치 큰 결심이라도 한 듯 소매를 걷고 아주 진지한 표정으로 독서록을 펼쳤어요. 독서록만 보면 한숨부터 쉬던 마루였는데 정말 이상한 일이죠? 마루가 들뜬 표정으로 웃고 있으니 말이에요.

마루는 독서록을 쓸 때 독서 동기 부분이 가장 어려웠어요. 처음부터 막히기 시작하니, 뒷부분도 당연히 쓰기 힘들었고요. 하지만 이번에는 달랐어요. 예지의 추천도 있었지만, 표지에 대한 궁금증이 더 직접적인 독서 동기였거든요.

마루는 차근차근 동기를 쓰고 주인공 에르반과 자신의 닮은 점과 다른 점, 그리고 비슷한 경험 등을 써 내려갔어요. 그러다 보니 어느새 독서록 한 페이지가 모두 채워졌지요.

"한 줄도 못 써서 끙끙대던 내가 독서록 한 편을 뚝딱 써내다니! 너 제법인데, 한마루!"

마루는 스스로가 대견해 독서록을 읽고 또 읽었죠. 그 모습을 가만히 지켜보던 엄마도 안도의 한숨과 함께 미소를 지었지요. 어렵다고 피하기만 하던 마루가 혼자서 독서록을 써 보려고 노력하는 모습이 마냥 대견했던 거죠.

"한마루!"

선생님이 마루를 부르자, 마루는 "네"라는 대답과 함께 침을 꼴깍 삼켰습니다. 선생님이 손에 '한마루'라고 적힌 독서록을 들고 있었기 때문이죠.

"책 속 인물과 마루를 비교해 봤구나. 아주 좋은 방법의 독서록이야. 정말 잘했어."

선생님이 마루의 머리를 쓰다듬었어요. 마루는 옆에 앉아 있는 예지를 보며 씨익 웃었죠. 예지도 마루를 향해 웃으며

엄지를 들어 주었습니다.

　그날 수업 시간에 선생님이 '좋은 친구는 길을 잃은 친구의 손을 잡고 올바른 방향으로 끌어주는 친구다'라는 말을 했어요. 마루는 예지의 얼굴이 떠올랐어요. 마루는 공책의 빈 칸에 '나의 좋은 친구 송예지'라고 적고는 기분 좋게 미소 지었습니다.

> **독서에 대한 명언**
> 친구를 선택하듯이 좋은 책을 선택하라.
> - W. 딜런

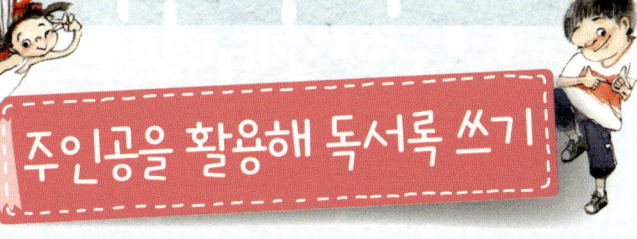

주인공을 활용해 독서록 쓰기

책 속 주인공이 내 친구라면? 아니면 책 속 주인공이 만약에 나였다면? 책에 나오는 등장인물을 나 혹은 내 가족, 내 친구라고 생각해 보세요. 주인공이 더 친근하게 느껴지면서 책의 내용도 더 잘 이해될 거에요. 당연히 그 인물에게 하고 싶은 말도 많아지겠죠? 특히 나와 비슷한 주인공을 만나게 된다면 내가 마치 책 속 인물이 된 듯 더 깊이 빠져들 수 있답니다.

그럼 책 속 등장인물을 활용해 다양하게 독서록 쓰는 방법을 알아볼까요?

1 주인공 소개하기

친구들에게 혹은 선생님이나 엄마에게 주인공을 소개하는 형식의 독서록을 써 보는 거예요. 주인공이 한 말 중에서 가장 기억에 남는 말을 소개하거나, 독서 인물 카드를 만들어서 등장인물의 얼굴을 그리고 그 특징을 설명할 수도 있답니다. 주인공에게 별명을 붙여 주고 그 이유를 이야기해 주는 것도 재미있겠죠?

주인공과 나의 닮은 점, 다른 점 쓰기

책을 읽다 보면 나와 주인공의 닮은 점 혹은 다른 점을 발견할 수 있을 거예요. 주인공의 성격이나 꿈, 혹은 가족 관계 등을 비교해 보고 독서록에 써 봐요. 아래처럼 그림으로 그려서 작성할 수도 있답니다.

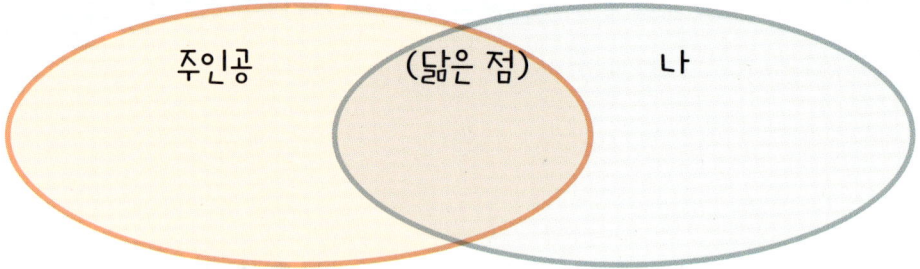

 주인공과 경험 비교하기

단순히 닮은 점과 다른 점만 비교하지 말고, 내가 겪은 경험과 비교해 보는 것도 좋답니다. 나에게 실제로 일어났던 일 중에 주인공과 비슷한 경험을 떠올려 보고, 이 두 가지 상황의 같은 점과 다른 점을 비교해서 독서록에 써 보는 것이지요.

 '내가 주인공이라면?' 상상하기

이번에는 아예 내가 주인공이었다면 그 상황에서 어떤 행동과 말을 했을지 상상해 봐요. 내가 책 속 주인공이었다면 어떤 일이 일어났을까요? 어떻게 말하고 행동했을까요? 오로지 상상으로 글을 써 보는 것도 아주 재미있답니다.

주인공에게 상장, 선물 주기

 이야기 속에서 주인공이 훌륭한 일을 해냈다면 칭찬해 주고 싶은 마음이 들겠지요? 본받을 만한 용기나 착한 심성, 뛰어난 재치를 가진 주인공에게 상장을 만들어 주세요.

 상장 대신에 주고 싶은 선물을 그려 볼 수도 있어요. 여기에 이유까지 함께 써 준다면 정말 멋진 독서록이 될 거예요!

 주인공 비판하기

 주인공이 이야기 속에서 잘못된 판단을 내렸다면 주인공에게 충고하는 내용으로 독서록을 써 볼 수도 있어요. 힘든 일을 겪은 주인공이라면 그를 격려하는 내용으로 쓸 수도 있겠죠?

 만약에 잘못한 점이 있는 주인공이라면 그것에 대한 나의 생각을 써 보고 주인공에 대해 비판해 보는 것도 좋은 방법이랍니다.

 주인공 인터뷰하기

 주인공을 인터뷰해 보는 건 어떨까요? 이야기를 읽으면서 궁금했던 점을 주인공에게 물어보는 형식으로 독서록을 쓰는 것이지요. 그럼 대답은 누가 하냐고요? 내가 직접 할 수도 있고, 옆에 있는 친구가 해 줄 수도 있지요! 이렇게 주인공의 대답을 상상해서 쓰다 보면, 재미도 있고 멋진 독서록도 완성된답니다!

주인공 선물 주기

양동초등학교 2학년 김시현

'주인공에게 선물 주기'는 많은 친구들이 좋아하는 독서록 쓰기 방법 중에 하나에요. 책 속 주인공을 응원해 주고 싶은 착한 마음 때문이겠죠?

시현이는 『엄마 까투리』를 읽고 소화기를 선물해 주고 싶었나 봅니다. 엄마를 잃은 꿩병아리들에게 집을 선물하고 싶다는 부분에서도 시현이의 고운 마음씨가 드러나네요.

'주인공에게 선물 주기' 독서록을 쓸 때는 시현이처럼 주인공에게 꼭 필요한 것을 생각해 보는 게 좋아요. 그래야 구체적으로 이유도 적을 수 있거든요.

책 제목 **엄마 까투리** | 지은이 **권정생** | 출판사 **낮은산**

주인공 인터뷰하기

강서초등학교 2학년 김민재

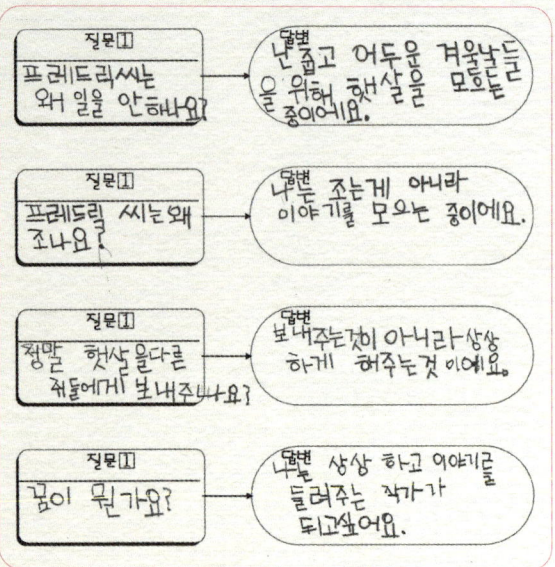

민재는 주인공을 인터뷰했어요. 프레드릭에게 궁금한 점도 물어보고, 훌륭한 답도 얻었네요. 책 속 주인공이 말하는 것도 아닌데, 어떻게 인터뷰를 하냐고요?

정답은 바로 1인 2역입니다. 내가 질문도 하고, 내가 주인공이 되어 대답도 하는 거죠. 주인공에게 궁금했던 점을 떠올리며 질문을 적고, 주인공의 성격과 상황에 맞게 '주인공이라면 이렇게 말했겠지?' 상상하며 대답도 적어보세요.

주인공의 마음을 더 잘 이해할 수 있을 겁니다.

책 제목 **프레드릭** | 지은이 **레오 리오니** | 출판사 **시공주니어**

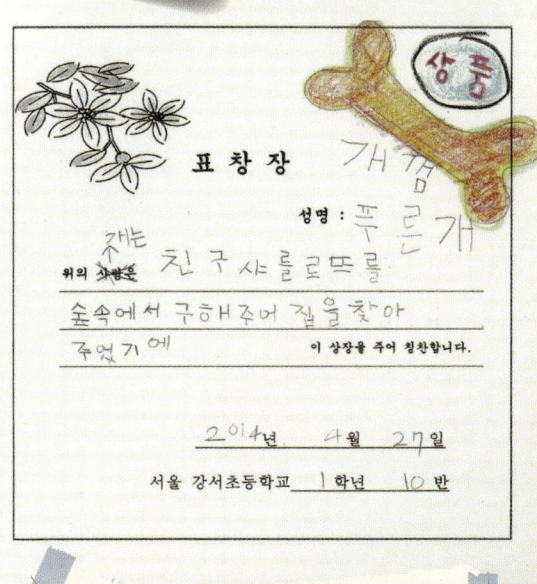
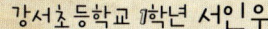
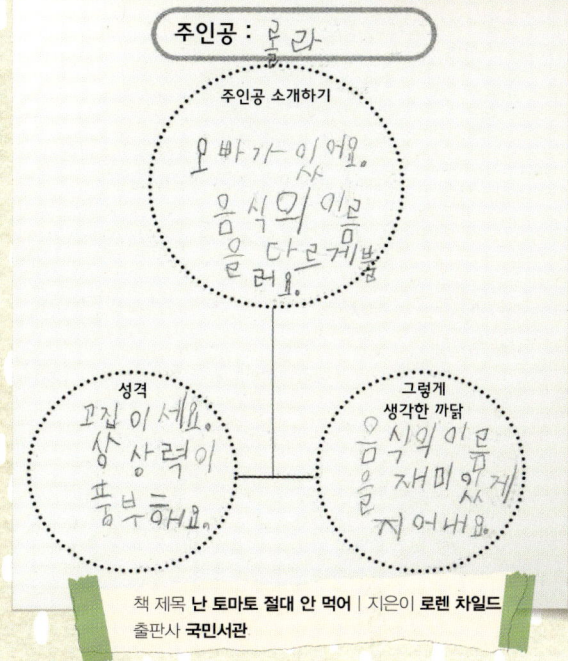
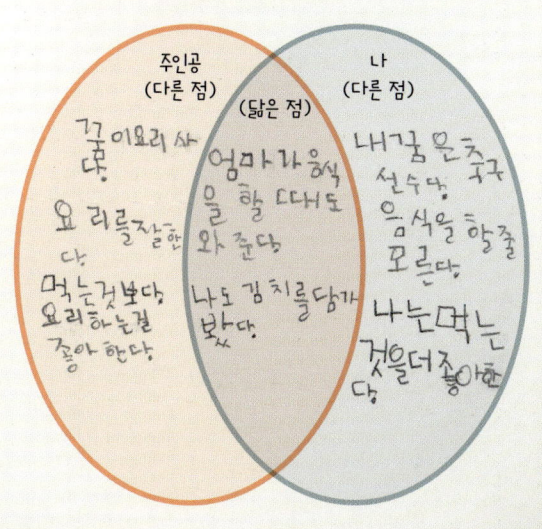

스스로 평가

내 경험을 떠올리며 책을 읽어 보았나요? ☐

나와 주인공의 닮은 점을 발견했나요? ☐

나와 주인공이 다른 점을 발견했나요? ☐

주인공이 했던 일 중에 기억에 남는 사건이 있었나요? ☐

내가 주인공이었다면 어떻게 했을지 생각해 보았나요? ☐

등장인물을 활용해 독서록을 써 보았나요? ☐

제3장

독서록 꼴찌, 신나는 바이러스를 퍼트리다

> 스스로 세우는 목표
> **다양한 방법으로 독서록 쓰기**

즐거운 독서록 파티

"마루야, 나랑 같이 갈 데가 있어!"

학교 수업이 끝나고 예지가 마루의 자리로 다가와 손목을 잡아끌었어요. 순간 공책에 적어 놓은 글을 예지가 볼까 봐 마루는 자신도 모르게 예지의 손을 뿌리쳤어요. 그 탓에 예지의 손이 책상에 부딪치고 말았죠.

예지는 '아' 하는 짧은 신음을 내뱉고는 다친 손을 다른 손으로 감싸 쥐었어요. 마루는 정말 미안했지만 어쩐지 그 말이 입 밖으로 나오지 않았어요. 오히려 마음과 반대로 퉁명스러운 말이 튀어나왔죠.

"그러니까 누가 맘대로 손을 잡으래?"

예지의 눈에 눈물이 그렁그렁 맺혀 있었어요. 하지만 마루는 울먹이는 예지를 뒤로 하고 집으로 달려왔어요.

얼마나 빨리 달렸는지 보통 집까지 걸어서 10분은 걸리는데, 5분만에 도착한 기분이 들었지요. 그렇게 집에 도착한 마루는 결국 엄마를 보자마자 '으앙~' 울음을 터트리고 말았습니다.

무슨 일이 있었는지 마루에게 이야기를 들은 엄마는 온화한 미소를 지으며 마루의 어깨를 토닥여 주었어요.
"마루가 예지에게 마음을 들킬까 봐 부끄러웠구나."
마루는 고개를 끄덕였습니다. 예지가 자신을 도와주는 게 기뻤고 예지가 웃으면 괜히 기분이 좋아졌어요. 하지만 이상하게 마음을 솔직하게 표현하기가 부끄러웠지요.

"그래도 친구를 다치게 한 건 마루가 아주 잘못한 거야. 그러니 내일 꼭 예지에게 미안하다고 사과해. 알았지?"

"네."

눈물을 스윽 닦고 방으로 들어온 마루는 다시금 예지의 울먹이는 얼굴이 떠올라 '휴우' 한숨을 내쉬었어요.

그 순간 갑자기 머릿속을 스쳐가는 생각 하나에 마루는 눈을 번쩍 떴죠. 예지의 마음에 꼭 들 만한 사과 방법이 떠올랐거든요.

"그래! 독서록을 쓰자!"

마루는 독서록을 펼쳤어요. 그리고 독서록의 첫 문장에 '나의 소중한 친구 예지에게'라는 글을 또박또박 정성껏 썼지요. 책을 소개하는 형식의 독서록으로 예지에게 사과를 하려고요.

마루가 예지에게 소개할 책은 바로 『아씨방 일곱 동무』라는 책이었어요.

마루는 예지가 자신의 진심을 알아주기를 바라며 그 어느 때보다 열심히 독서록을 썼어요. 독서록을 끔찍하게 싫어하던 마루가 독서록으로 사과를 한다면 예지도 분명히 마루를 용서하고 웃어 주겠지요?

하지만 다음 날, 마루의 예상은 완전히 산산조각 나고 말았습니다.

"이게 뭐야? 내용이 하나도 안 들어가 있잖아."

예지는 마루가 내민 독서록을 읽고는 고개를 절레절레 저었어요.

"그거야……. 나는 이 책을 읽어 보라고 소개만 하는 거고, 내용은 네가 책을 읽어서 알아야지."

마루는 자신의 노력을 몰라주는 예지에게 서운해 괜히 입을 삐죽거렸어요.

"느낀 점도 하나도 없고."

"그것도 여기 적힌 것처럼 너도 읽고 나면 같이 이야기해 보려고 했지……."

책 제목	아씨방 일곱 동무
지은이	이영경
출판사	비룡소

책을 읽게 된 동기를 쓰세요.

　　나의 소중한 친구 예지에게

　　안녕? 예지야. 아까는 정말 미안했어. 일부러 그런 건 아닌데……. 많이 아팠지?

　　너에게 미안한 생각이 들어서 어떻게 사과할까 고민하다가,

줄거리를 쓰세요.

네가 읽으면 재미있을 만한 책이 있어서 소개하려고 해.
이 책 읽고 기분 풀었으면 좋겠어.
　　내가 너에게 소개하고 싶은 책은 '아씨방 일곱 동무'라는 책이야. 정말 재미있어서 펼치자마자 술술 읽게 될 거야.

책을 읽은 후 느낀 점을 쓰세요.

나도 아주 재미있게 읽었거든. 너도 꼭 읽어 봐.
　　그리고 이 책을 읽고 어떤 걸 느꼈는지 이야기해 줘.
그때 나도 얘기해 줄게.
　　그럼 안녕. 내일 학교에서 보자.

　　　　　　　　　　　　　　　　－마루가－

예지는 웃음기 없는 얼굴로 마루를 바라봤어요.

"사과는 받아 줄게. 근데 독서록은 너무 엉망이야."

예지가 기뻐할 줄 알았는데 실망하는 표정을 짓자 마루는 속이 상했어요.

"왜? 길이도 이 정도면 짧지 않잖아."

"길이만 길면 뭐해. 책에 대한 내용이 없는데. 책을 소개하는 형식이면 간단히 내용도 적고 이 책을 읽고 무엇을 느꼈는지도 적어 줘야지. 그래야, '아~ 재미있겠다. 나도 읽어 봐야지!' 하는 생각이 들지 않겠어?"

마루는 예지의 말에 머쓱해져서 머리만 긁적였어요. 사실 내용을 적기 싫어서 안 쓴 건 아니에요. 마루도 써 보려고 노력했는데 도저히 내용을 줄일 수가 없었어요. 책 내용을 간단히 적는 일이 마루에게는 너무 어려웠지요.

"솔직하게 말해 봐. 마루 너 줄거리 쓰는 게 어려워서 안 쓴 거지?"

헉! 마루는 놀란 입을 다물지 못했어요. 예지가 마루의 마음을 읽은 걸까요?

"그걸 어떻게 알았어?"

"역시, 내 생각이 맞았어. 나도 그랬거든."

"너도?"

"응. 나도 내용 간추리는 게 어려워서 아예 줄거리를 안 쓰거나 책 앞부분 내용만 잔뜩 쓰다 마무리하기도 했었지."

"그런데 방법을 찾은 거야?"

예지는 대답 대신 씨익 웃어 보였어요. 오늘 처음 보는 예지의 웃음이라 마루는 마음이 놓여 괜스레 따라 웃었지요.

예지는 하얀 종이에 큼지막한 동그라미를 여러 개 그렸어요. 그리고 그 사이에 화살표를 하나씩 그려 넣어 동그라마들을 연결시켜 주었지요.

"일이 일어난 순서대로 여기에 정리해 봐."

마루는 예지의 말을 듣고 『아씨방 일곱 동무』의 내용을 떠올려 봤어요.

동그라미 안에 일어난 일들을 순서대로 짧게 적으니 어렵지 않게 책 내용이 간추려졌어요.

- 바느질을 좋아하는 빨강 두건 아씨 곁에는 자, 가위, 바늘, 실, 골무, 인두, 다리미까지 일곱 동무가 있었다.
- 아씨가 낮잠을 자는 사이에 일곱 동무는 서로 자신이 가장 중요하다고 자랑을 하며 다퉜다.
- 다투는 소리에 잠을 깬 아씨는 자기가 없으면 다 소용없으니 자기가 제일이라며 화를 냈다.
- 아씨는 일곱 동무를 반짇고리에 쑤셔 넣고는 다시 잠이 들었고, 일곱 동무는 자신들이 보잘 것 없고 소중하지 않다는 생각에 슬퍼했다.
- 아씨는 꿈속에서 바느질을 하려고 했는데 일곱 동무가 모두 사라져서 눈물을 흘렸다.
- 아씨는 잠에서 깬 뒤 모두가 소중하다는 것을 깨달았다며 일곱 동무에게 사과를 했다.

"이렇게 정리한 내용이 바로 줄거리가 되는 거지. 쉽지?"

"우와, 이렇게 간단하게 내용을 간추릴 수 있다니! 송예지, 너 정말 대단하다!"

마루의 칭찬에 기분이 좋아진 예지가 해맑게 웃었습니다.

"느낀 점은?"

"세상에 소중하지 않은 것은 하나도 없다는 걸 깨달았어. 모두가 가치 있고 중요한 일을 한다는 것도 느꼈고, 또……."

"이야~ 또 있어?"

"서로 도와서 더 멋진 일을 할 수 있다는 것도 이 책을 읽고 나서 느낀 점이야. 네가 나를 도와줘서 내가 독서록을 조금씩 잘 쓸 수 있게 되는 것처럼."

예지는 '쾅' 도장을 찍듯 마루의 손바닥 위에 자신의 주먹을 꾹 눌러 주었습니다.

"참 잘했어요!"

귀여운 칭찬과 함께 말이죠.

다음 날, 마루의 독서록에는 '참 잘했어요'라는 선생님의 도장이 '쾅' 찍혀 있었어요. 마루는 기뻐서 도장을 한참 바라보았어요. 마루는 그렇게 점차 독서록 꼴찌에서 벗어나고 있었답니다.

"예지는 이번에 기사 형식의 독서록을 썼더구나. 실제로 일어난 사건처럼 재미있게 기사를 잘 썼어."

하지만 여전히 독서록 일등은 예지입니다. 기자가 꿈인 예지는 『조태백 탈출 사건』이라는 동화를 읽고 그 사건을 신문 기사 형식으로 썼어요. 예지의 추천으로 인터뷰 형식의 독서록은 쓴 적 있는 마루도 언젠가 신문 기사 형식을 도전해 봐야겠다고 다짐했죠.

"너희는 매일 무슨 이야기를 그렇게 재미있게 해?"

요즘 부쩍 예지와 마루의 대화 내용을 궁금해하는 친구들이 많아졌습니다. 민재도 그중 하나지요.

"그냥 책도 서로 추천해 주고, 독서록 쓰는 방법도 이야기하고."

마루의 뜻밖의 대답에 고개를 갸우뚱하던 민재가 이내 눈을 반짝입니다.

"나도 같이 해!"

"응?"

역시나 생각지 못한 반응에 마루는 눈이 휘둥그레졌죠. 하지만 마루의 눈을 더욱 크게 만든 일은 따로 있었습니다.

"나도 같이 할래!"

"그래~ 나도 독서록 쓰는 거 어려워. 나도 껴 줘."

"이야, 재밌겠다. 나도 할래!"

"나도!"

독서록 꼴찌였던 마루가 부쩍 독서록도 부지런히 써 오고 선생님께 칭찬도 받자 그 모습이 부러웠는지 친구들이 너도 나도 같이 하자며 마루와 예지에게 다가온 것이죠. 마루와 예지는 서로를 바라보고는 씨익 웃었어요. 그리고 친구들을 향해 힘차게 말했죠.

"그래! 우리 반 모두 독서록 1등에 도전해 보자!"

손을 위로 쭉 뻗고 힘차게 말하는 마루의 모습에 친구들은 '와아~' 하고 함성을 질렀어요.

교실로 들어오던 선생님은 이게 무슨 일인가 하고 눈이 휘둥그레졌죠.

그 뒤 마루네 반 친구들은 선생님을 더욱 놀라게 만들었습니다. 서로 책을 추천해 주고 독서록을 쓰는 방법에 대해서도 고민하기 시작했거든요.

친구들은 다양한 방법으로 독서록을 쓰는가 하면 자신만의 방법을 발명하기도 했어요.

동화 작가가 꿈인 민재는 뒷이야기를 상상해서 쓰거나 마지막 부분을 바꿔 썼고, 만화가가 꿈인 가빈이는 만화로 표현하는 것을 즐거워했어요.

재석이는 동시로 썼고, 지훈이는 주인공에게 편지를 썼죠. 유진이는 책을 광고하는 형식으로, 아람이는 주인공이 되어 자신이 겪은 일인 것처럼 독서록을 썼어요.

그러다 보니 얼마 전 독서 신문 대회에서 마루네 반이 우승을 차지하기도 했죠.

마루네 반은 책도 많이 읽고 독서록도 열심히 쓰는 반으로 전교에서 가장 유명해졌습니다.

선생님은 스스로 독서록에 대해 고민하고 서로 힘을 모아 어려움을 해결해 나가는 반 아이들의 모습이 흐뭇해 늘 입가에 미소를 띄우고 다녔습니다.

그 변화의 중심에 선 마루는 이번에도 무언가 일을 벌일 모양입니다. 바로 그 어느 때보다 특별한 마루의 생일 파티인데요.

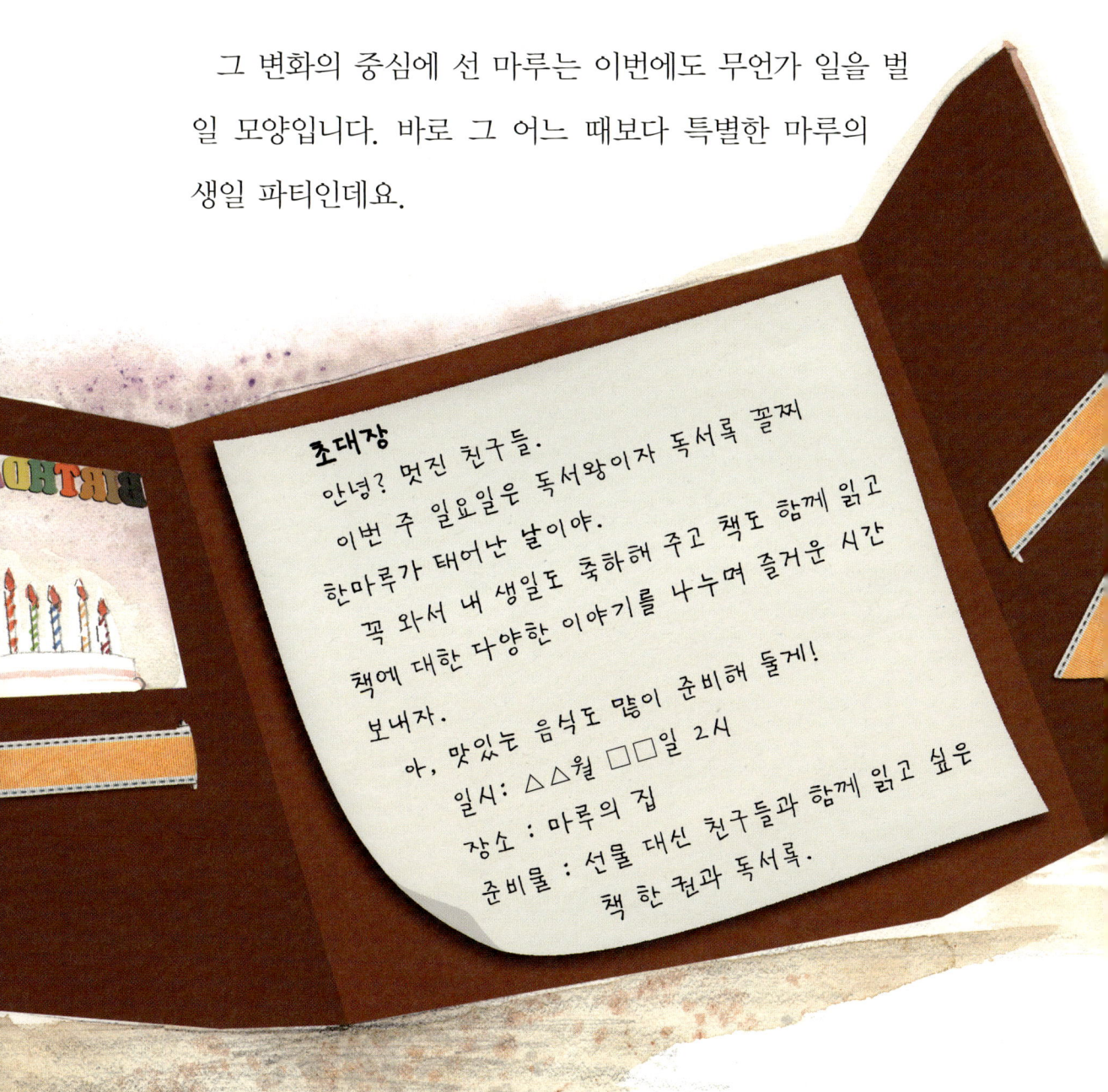

초대장

안녕? 멋진 친구들.
이번 주 일요일은 독서왕이자 독서록 꼴찌 한마루가 태어난 날이야.
꼭 와서 내 생일도 축하해 주고 책도 함께 읽고 책에 대한 다양한 이야기를 나누며 즐거운 시간 보내자.
아, 맛있는 음식도 많이 준비해 둘게!
일시 : △△월 □□일 2시
장소 : 마루의 집
준비물 : 선물 대신 친구들과 함께 읽고 싶은 책 한 권과 독서록.

독서왕이자, 독서록 꼴찌인 마루에게는 그 어느 때보다 즐겁고 행복한 생일 파티였겠죠?

독서에 대한 명언

독서할 때 당신은 항상 가장 좋은 친구와 함께 있다.

- W. 시드니 스미스

나만의 독서록! 다양하게 써 보자!

'동기 쓰고 줄거리 쓰고 느낌 쓰고' 맨날 똑같은 방법으로만 독서록을 쓰면 금방 지치고 재미가 없을 거예요. 그렇다면 내가 좋아하는 방법으로 재미있는 시도를 해 보면 어떨까요?

마루네 반 친구들처럼 다양한 방법으로 나만의 독서록을 써 보는 거지요. 새로운 방식으로 자신의 느낌과 생각을 정리하다 보면 분명 독서록 쓰기가 즐거워질 거예요!

자 그럼, 오늘은 어떤 방법으로 써 볼까요?

1 책 표지 꾸미기

내가 좋아하는 장면을 골라 나만의 방법으로 새로운 표지를 만들어 보세요. 세상에 단 하나뿐인 책 표지를 꾸며 보는 거지요. 여기에 책 제목, 지은이, 출판사도 적어 넣으면 더 멋진 표지가 완성되겠죠?

2 뒷이야기 상상하기

재미있게 읽은 책의 뒷이야기를 상상해 봐요. 내가 좋아했던 등장인물은 어떻게 되었을까요? 내가 작가였다면 뒷이야기를 어떻게 이어 나갔을까요? 상상해서 그림을 그리거나 글로 써 보세요!

 결말을 바꿔서 써 보기

뒷이야기를 상상하는 것도 좋지만, 만약에 책의 결말이 마음에 들지 않는다면 아예 결말의 내용을 바꿔 볼 수도 있답니다. 내가 좋아하는 내용으로 이야기 결말을 더욱더 재미있게 바꾸는 것이지요. 어때요? 재미있겠죠?

 네 컷 만화로 그리기

책을 읽고 기억에 남는 장면이나 중요한 장면을 골라 만화로 표현해 보세요. 말 풍선을 이용해 대사도 적어 보고 익살스러운 표정도 그려 넣으면 재미있는 만화 독서록이 완성될 거랍니다.

 광고하기

내가 읽은 책을 광고해 보세요! 예쁘게 그림을 그리고 이 책의 좋은 점이나 특징, 혹은 이 책을 꼭 읽어야 하는 이유 등을 생각해서 써 보는 것이지요. 이때 톡톡 튀는 재미있는 카피도 함께 써 봐요!

6 동시로 표현하기

　책의 중요한 장면을 떠올려 동시를 써 보세요. 흉내 내는 말을 이용하면 더 재미있게 동시를 쓸 수 있어요. 여기에 나의 느낌이나 생각까지 곁들여 표현한다면 아주 훌륭한 독서록이 되겠죠?
　동시가 어렵다고 생각하는 친구들은 주인공의 이름이나 핵심어 등에서 세 글자를 골라 삼행시를 지어볼 수도 있답니다.

7 기사문으로 작성하기

　책 속 이야기 중에서 기억에 남는 사건을 신문 기사로 작성하는 것도 재미있어요. 언제, 어디서, 무슨 일이 있었는지 마치 기자가 된 듯 일목요연하게 사건을 정리해 보세요. 마지막 부분에 이 사건에 대한 다른 사람들의 반응을 적어 보는 것도 좋답니다.

8 새로 알게 된 점 쓰기

　책을 읽다 보면 새롭게 알게 된 내용이 있을 거예요. 그동안 잘 몰랐는데 책을 통해 배우게 된 지식 말이에요. 이러한 것들을 독서록에 정리하다 보면 나만의 백과 사전이 될 수 있어요. 여기에 보태어 더 알고 싶은 점을 스스로 찾아 정리할 수도 있답니다.

9 중요한 낱말을 찾아 짧은 글 짓기

책 속에서 중요하다고 생각하는 낱말을 찾아 짧은 글을 지어 보는 건 어떨까요? 책 내용과 관련이 있는 글을 지으면 더 좋지만, 그걸 생각해 내기 어렵다면 그냥 그 낱말에 어울리는 글을 생각나는 대로 써 보는 것도 좋아요. 나도 모르게 어휘력과 문장력을 쑥쑥 자라는 것을 느낄 수 있을 거예요!

10 다른 책 혹은 인물 등과 비교해 보기

책을 읽고 나서 다른 책의 내용이나 인물이 떠오른다면 그것과 비교해서 독서록을 쓸 수도 있어요. 공통점과 차이점을 찾아 적으면서 내 느낌을 덧붙여 말해 보는 거지요. 이렇게 하면 독서록을 쓰면서 비교하고 분석하는 능력도 키울 수 있답니다.

11 등장인물에게 편지 쓰기

친근하게 느껴지는 등장인물이 있다면 편지를 한번 써 보세요. 편지 형식에 맞춰서 첫인사, 하고 싶은 말, 끝인사 등의 순서로 주인공에게 하고 싶은 말을 전하고 내 속마음도 표현해 봐요.

12 등장인물의 인생 그래프

우리가 만나는 책 속의 주인공은 참 다양한 일을 경험하지요. 그 과정에서 힘들 때도 있고, 슬플 때도, 기쁠 때도 있겠죠? 주인공이 사건을 겪으며 느끼는 감정을 인생 그래프로 표현해 보세요. 주인공의 인생이 한 눈에 보일 거랍니다.

13 독서 퀴즈 만들기

책 내용 중에서 중요한 내용을 찾아 퀴즈 문제를 만들어 보세요. 같은 책을 읽은 친구들과 함께 서로 독서 퀴즈를 만들고 정답을 맞힌다면 책을 더 자세히 기억할 수 있을 거예요. 여러 친구들과 함께 OX 퀴즈 대회를 여는 것도 꽤 즐거운 일이랍니다!

14 생각 그물 만들기 (마인드 맵)

종이 한 가운데에 동그라미를 그려 넣고, 그 안에 책 내용의 중심 낱말을 적어 보세요. 여기서 가지를 뻗어 나가며 연관된 내용이나 생각을 계속 써 나가는 것이 바로 생각 그물 만들기랍니다.

생각은 계속 꼬리에 꼬리를 물고 계속 늘어날 거예요. 생각 그물 만들기는 책 내용을 정리할 때 아주 좋은 방법이지요.

광고하기

강서초등학교 3학년 지재헌

책 제목 **고릴라** | 지은이 **앤서니 브라운** | 출판사 **비룡소**

재헌이는 『고릴라』를 읽고 광고 형식의 독서록을 썼습니다. 인상 깊은 장면과 함께 자신의 느낌을 광고 카피로 만들어 적은 거죠.
이처럼 눈길을 끄는 그림과 재미있는 광고 카피는 사람들의 흥미를 불러일으킬 수 있답니다. 어때요? 이 책이 궁금해졌나요?
책 제목과 출판사, 그리고 책에 대한 감상평 등을 추가로 적어 줬다면 더 훌륭한 광고가 되었겠죠?

동시로 표현하기

강서초등학교 3학년 변서현

> **발이 커도 괜찮아**
> 　　　　　　변서현
>
> 사뿐사뿐 우아하게 춤을 추는
> 발레리나 벨린다
>
> 커다란 발을 가져도
> 사뿐사뿐 예쁘게 춤을 춰요
>
> 멋진 음악에 맞춰
> 더 신나게 춤을 추면
>
> 하늘을 날아다니는 새처럼
> 푸른 들판을 달리는 양처럼 행복해요

책 제목 **발레리나 벨린다** | 지은이 **에이미 영** | 출판사 **느림보**

서현이는 책을 읽고 느낀 점을 동시로 표현했어요. 흉내 내는 말도 사용하고, 비유법도 적절하게 사용해 아주 재미있는 동시가 되었네요.
동시의 제목을 책 제목과 다르게 표현한 것도 칭찬해 주고 싶은 부분입니다. 자신이 읽고 느낀 점을 '발이 커도 괜찮아'라는 제목으로 표현했네요.
동시만 읽어도 멋진 음악에 맞춰 사뿐사뿐 우아하게 하늘을 나는 듯 춤을 추는 벨린다의 모습이 떠오르는 것 같죠?
그런 점에서, 동시에 어울리는 그림이 있었다면 더 재미있는 동시가 되었을 것 같아요.

편지 쓰기
강서초등학교 1학년 홍소연

짱짱이에게

짱짱아, 안녕? 나는 홍소연이야.
짱짱아, 너는 동생이 얼마나
미우면 동생을 시장에 팔았니?
나는 동생이 없어서 니마음 잘
잘 모르겠어. 니가 동생을 파는거
보니 나는 오빠말을 잘 들어야겠어.
그리고 얄미운 동생이지만 동생은
보기만해도 귀엽고 예쁘잖아. 그러니까
동생을 더 이해하고 사랑해주면 좋겠어.
세상에서 하나밖에 없는 동생이니까
말이야. 나도 우리 오빠랑 더 사이좋게
지낼게.

책 제목 **내 동생 싸게 팔아요** | 지은이 **임정자**
출판사 **아이세움**

생각 그물 만들기
강서초등학교 2학년 권예은

마인드 맵

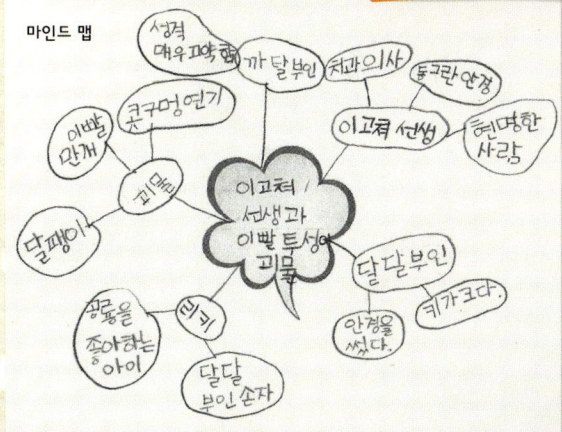

생각이나 느낌
내가 아는 달팽이는 이빨이 없는줄 알았는데
사실은 이빨이 만개나 있다. 새로운 사실을 알
게 되었다.

책 제목 **이 고쳐 선생과 이빨투성이 괴물** | 지은이 **롭 루이스**
출판사 **시공주니어**

네 컷 만화로 그리기
강서초등학교 2학년 권예원

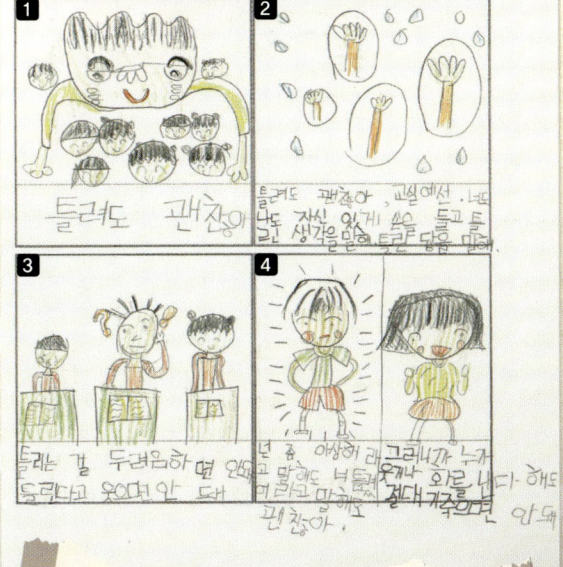

책 제목 **틀려도 괜찮아** | 지은이 **마키타 신지**
출판사 **토토북**

결말 바꿔 써 보기
강서초등학교 3학년 예승주

원래 이야기의 마지막 부분
밑동밖에 남지않은 늙은 나무에 걸터 앉은
노인이 된 소년은 편히 쉬었습니다.
그래서 나무는 행복했습니다.

내가 바꿔 쓴 이야기
이제 노인이 된 소년은 항상 자신에게 주
기만 한 나무가 고마웠습니다. 자신에게 모든
것을 주고 밑동밖에 남지 않은 늙은 나
무에게 이제는 소년이 아낌없이 주고 싶
었습니다. 소년은 전재산을 털어 나무가 건
강해질 수 있는 영양제를 듬뿍 주었습니다.
그리고 나무 곁에 계속 머물며 나무를 보살펴
주었습니다. 그랬더니 파란 새싹이 돋았습니
다. 소년도 나무도 행복했습니다.

책 제목 **아낌없이 주는 나무** | 지은이 **쉘 실버스타인**
출판사 **시공주니어**

스스로 평가

이야기가 진행된 순서대로 줄거리를 잘 요약했나요? ☐

느낀 점을 정리해서 써 보았나요? ☐

가장 기억에 남는 장면을 그려 보았나요? ☐

새로운 형식의 독서록을 써 보았나요? ☐

그밖에 다양한 독서록 쓰기 방법에 대해 고민해 보았나요? ☐

내가 좋아하는 책을 친구에게 추천해 주었나요? ☐